국어　사회　과학

초등교과 어휘 잡는 웃기는 문방구

말이야 방구야 ①

서울문화사

머리말

학년이 올라갈수록 교과서가 어렵게 느껴지는 이유는 무엇일까요?

읽을 수는 있으나 문해력이 부족하여 이해하지 못하기 때문이에요.
문해력, 즉 글[文]을 읽고 내용을 이해[理解]하는 능력[能力]이 부족하기
때문이지요. 문해력의 기초는 많은 어휘를 아는 것부터 시작됩니다.

더욱이 교과서의 70% 이상을 차지하고 있는 한자어를 모른다면
제대로 이해하기 어렵습니다.

읽을 줄은 알지만 그 속에 담긴 뜻을 모르기 때문에 이해할 수 없는 것이지요.
예를 들어, '컵에 찬 음료를 넣으면 겉면에 물방울이 생기는데, 주변 공기의 수증기가
응결된 것입니다.'라는 문장에서 '응결'은 '엉길 응[凝]', '맺을 결[結]'로 된
한자어입니다. '응결'이라는 어휘는 어렵지만, '엉기어[凝] 맺히다[結].'라는 속뜻을
알게 되면, 수증기의 일부가 액체로 변하는 현상임을 쉽게 이해할 수 있지요.
한자 속의 생각(속뜻)을 찾아내며 어휘를 익히다 보면,
어휘력과 함께 문해력도 쑥쑥 오르게 될 것입니다.

이렇듯 어휘가 부족해서 교과서가 어려운 친구들을
도와줄 초등교과 어휘 잡는 〈말이야 방구야 시리즈〉를 소개합니다.

우리의 일상에 친숙한 문구들이 개성 있는 캐릭터로 등장하여 보여 주는 재미난
만화를 읽다 보면 자연스럽게 어휘가 머릿속에 쑥쑥 채워지게 될 거예요.

이 책의 특징

특징1

초등교과 어휘 150여 개 수록

학년별 국어, 사회, 과학 교과서에 나오는 어휘를
선별하여 만화 속에 담았습니다. 만화 속에서
자연스럽게 어휘를 접하고, 문맥을 통해 뜻을
짐작할 수 있어요.

특징2

한자어 속뜻풀이와 교과 용어 풀이 학습

각 화별 구성된 콘텐츠 꼭지 『어휘 알기』에서는
한자어는 문학박사 전광진 교수의 『속뜻풀이
초등국어사전』을 바탕으로 하여 전문성과
이해력을 높였습니다. 사회·과학 용어의 경우
교과서 중심으로 설명하였습니다.

특징3

짚어 보며 어휘력이 쌓이는 콘텐츠

『어휘 알기』, 『어휘 톡톡』, 『어휘 퀴즈』를 통해
배운 어휘를 한 번 더 복습하여 어휘력을 다질 수
있도록 하였습니다. 어휘력이 쌓이면, 공부
문해력도 자라 공부에 자신감이 올라갑니다.

교과 연계표

과목	어휘	학년	단원
국어	살랑살랑, 바삭바삭, 첨벙첨벙, 바스락, 장승	3-1 가	1 재미가 톡톡톡
	조청, 약과, 끈기, 강정, 고물, 엿기름, 엿		2 문단의 짜임
	진지, 여쭙다, ~께, ~께서		3 알맞은 높임 표현
	메모, 간추리다, 효과적, 부적		5 중요한 내용을 적어요
	소저, 골무, 인두, 땀	3-1 나	8 의견이 있어요
	수심, 경험		9 어떤 내용일까
	비단, 삼베, 모시	3-2 가	2 중심 생각을 찾아요
	옷차림, 발생, 맥박		
	독서 감상문	3-2 나	7 글을 읽고 소개해요
	태극, 문양, 사괘		
	나그네, 궤짝		9 작품 속 인물이 되어
	견문	5-1 나	7 기행문을 써요
	주제		10 주인공이 되어
	공감	5-2 가	1 마음을 나누며 대화해요
	짐작		7 중요한 내용을 요약해요
	단서, 추론	6-1 나	6 내용을 추론해요
	실감 나다		9 마음을 나누는 글을 써요
	사랑채	6-2 가	1 작품 속 인물과 나
	머리를 맞대다, 손발을 맞추다, 쇠뿔도 단김에 빼다, 찰나(의 순간)		2 관용 표현을 활용해요
	하루에도 열두 번, 손꼽아 기다리다, 애간장이 타다, 금이 가다		
	눈에 띄다, 간이 크다		
	천하를 얻은 듯, 물 쓰듯, 발이 넓다		
	관점	6-2 나	5 글에 담긴 생각과 비교해요
	줄거리		8 작품으로 경험하기

과목	어휘	학년	단원
사회	고장, 고장 신문, 도서관	3-1	1 우리 고장의 모습
	문화유산, 유형 문화유산, 무형 문화유산, 첨성대, 석굴암, 고려청자		2 우리가 알아보는 고장 이야기
	통신 수단, 서찰, 전자 우편, 공중전화, 교통수단, 돛단배, 카페리, 자기 부상, 열차, 가마		3 교통과 통신 수단의 변화
	휴식, 여가 활동, 산비탈, 해상, 해산물, 강수량	3-2	1 환경에 따라 다른 삶의 모습
	구들장, 풍속, 오곡밥, 부럼, 메주		2 시대마다 다른 삶의 모습
	친밀감, 풍습, 덕담, 갈등		3 가족의 모습과 역할 변화
	가상, 발굴, 복원	4-1	2 우리가 알아보는 지역의 역사
	다수결, 비용, 토의, 타협, 협력		3 지역의 공공 기관과 주민 참여
	소득, 소비, 가계부	4-2	2 필요한 것의 생산과 교환
	기대 수명, 고령화		3 사회 변화와 문화 다양성
	자연재해, 기후, 지형, 대륙, 인구 밀도	5-1	1 국토와 우리 생활
	신문고, 차별, 편견, 존중		2 인권 존중과 정의로운 사회
	무역, 수출, 수입, 관세	6-1	2 우리나라의 경제 발전
	디지털 영상 지도, 백록담, 금강산, 독도	6-2	1 세계의 여러 나라들
과학	오감, 시각, 청각, 후각, 미각, 촉각, 추리, 무게	3-1	1 탐구는 어떻게 할까요?
	장도리, 재료, 신소재		2 물질의 성질
	모서리	3-2	3 지표의 변화
	거품, 변화	4-1	1 탐구는 어떻게 할까요?
	양팔저울		4 물체의 무게
	빛의 직진, 빛의 반사	4-2	3 그림자와 거울
	만년설		5 물의 여행
	먹이 사슬, 먹이 그물, 멸종	5-2	2 생물과 환경
	수증기, 응결		3 날씨와 우리 생활
	증발	6-1	4 식물의 구조와 기능
	빛의 굴절		5 빛과 렌즈
	감전 사고	6-2	1 전기의 활용
	태양 에너지		2 계절의 변화
	재생 에너지, 태양 전지판, 에너지 전환		5 에너지와 생활

등장인물

베티

열정 가득한 외향형 충전기.
과열 시 전기 감전 혹은 갑작스런
방전을 주의해야 한다.

마시멜

문방구의 예쁨과 달콤함을
담당하는 마시멜로. 친절하다가도
가끔 쌀쌀맞게 군다.

파라락

다양한 분야의 정보를 적어 놓고 필요할
때마다 줄줄 꺼내 놓는 똘똘이 수첩.
의도치 않게 친구들을 잠에 빠지게 한다.

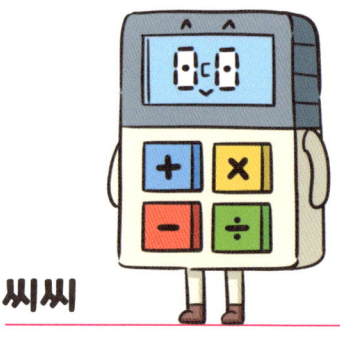

씨씨

똑똑하고 숫자에 밝은 계산기.
계산적이란 오해를 받아 억울해 한다.

쫀도기

마시멜을 짝사랑하지만 고백하지
못하는 쫀드기. 가끔 로댕의 〈생각하는
사람〉 포즈로 존재감을 보여 준다.

빙드리나

자신이 높은 신분의 귀족이라는 착각 속에
사는 발레리나 오르골. 늘 자신을 귀히 여긴다.

슬라임

호기심 많은 문방구의 마스코트.
원하는 것을 얻어내고자 할 땐
떼를 쓰며 바닥에 붙어 버린다.

루삐

감정을 색으로 표현하는 정육면체
큐브. 무슨 생각을 하는지 알 수 없다.

만년옹

늘 피곤하고, 늘 졸린 만년필. 나이를 가늠할
수 없지만, 문방구의 역사 속엔 늘 그가 있다.

차 례

교과 어휘 **과학** 편

1장
교과 어휘 **국어 편**

1화 문방구 친구들을 소개합니다!

옷차림 / 발생 / 맥박

문방구 친구들이 마라톤 대회에 참가하기로 했습니다. 대회 한 달 전, 준비성이 철저한 배티는….

후하~ 후하~ 우승 트로피는 절대로 놓칠 수 없어!

역시 배티는 대단해~!

난 절대 못 해.

대회 사흘 전, 마시멜은….

운동복은 뭐가 좋을까? 머리띠도 할까?

OO SPORTS

지금 옷차림이 중요해?

대회 이틀 전, 파라락은….

마라톤의 *유래를 알아? 오래전 고대 그리스와 페르시아 두 나라가 마라톤 평원에서 전투를 벌였어. 승리한 그리스의 병사가 이틀 동안 쉬지 않고 달려서 아테네에 승전보를….

안 궁금한데.

머리 아파….

어휴.

대회 하루 전, 만년옹은….

나도 뛸 수 있다는 걸 보여 주겠어!

무리하시면 안 돼요.

대회 당일, 씨씨는….

롤러블레이드를 신으니 훨씬 편하고 빨라~.

그건 안 돼! 반칙이야!

그리고 쫀도기의 참가 이유는….

참가하면 파이를 준다던데, 우유는 안 주나?

넌 먹으러 왔냐?

빙드리나도 오긴 했지만….

땀나고 힘들게 왜 뛰어?

안 뛸 거면 왜 왔어?

*유래 : 사물이나 일이 생겨남.

드디어 출발!

탕!

우르르…

그 시각, 마라톤 대회를 깜빡한 루삐는….

텅…

어? 모두 어디 갔지? 혹시 몰래 카메라?

앗!

맥박이 느려!

사고 발생!

그런데 배티가 안 보이네?

그러게? 한 달 전부터 연습하더니….

너무 과한 훈련으로 집에서 방전 상태….

띠이~

움직이려면 충전이 필요합니다.

그리고 이런 일도….

엥? 여긴 어디지?

슬라임, 넌 도대체 어디로 뛴 거니?

어휘 알기

옷차림
1. 옷을 갖추어 입음.
2. 옷을 입은 차림새

나 같은 귀족은 화려하고 우아한 **옷차림**이 어울리지~!

발생 發生 <small>나타날 **발**, 날 생</small>

● 어떤 일이나 사물이 나타나고[發] 생겨남[生].

지진이 **발생**하면 일단 책상 아래로 들어가 몸을 보호하고, 진동이 멈추면 계단으로 이동하….

맥박 脈搏 <small>맥 **맥**, 뛸 **박**</small>

● 맥[脈]이 뜀[搏]. 심장이 오그렸다 펴졌다 하면서 피가 흘러 혈관 벽을 주기적으로 두드리는 것

후, 아까는 **맥박**이 너무 느리더니, 이제는 정상으로 돌아왔군.

어휘 톡톡

소식 들었어? 어제 저녁에 옆 상가에 도난 사건이 **발생**했대.

으악! 무서워. 나 너무 놀랐나 봐. 내 **맥박** 좀 재 봐.

범인이 아직 안 잡혔다는데….

근처에서 **옷차림**이나 행동이 수상한 사람을 보면 경찰에 바로 신고해야겠군.

봄이 되면 살랑살랑~

2화

살랑살랑 / 바삭바삭 / 첨벙첨벙

봄이다~!

난 따뜻한 봄이 참 좋아.

날씨가 따뜻해지면 말랑말랑해지는 기분이야.

응?

겨울엔 좀 딱딱해지거든. 여름엔 축 늘어지고….

아~

17

한편….

봄에는 살랑살랑이 뭘까?

봄에는 살을 빼란 얘기 아닐까?

응?

물론 나야 운동 따윈 필요 없지만.

오호~

또 한편…. 있잖아, 그거 알아? '봄에는 살랑살랑'이 사랑하고 싶단 뜻이래.

그래?

좋아, 용기를 내는 거야!

저, 저기… 봄인데 우리 같이 살랑살랑….

뭐?!

아니, 그게….

흥!!

얘들아~

분위기가 왜 이래? 봄바람도 살랑살랑 부니 소풍이나 가자고 하려 했더니….

사실은 얘가 사건의 시작!

어휘 알기

살랑살랑 ❶ 조금 사늘한 바람이 가볍게 자꾸 부는 모양
예 살랑살랑 바람이 분다.

❷ 팔이나 꼬리 따위를 가볍게 자꾸 흔드는 모양
예 고양이가 긴 꼬리를 살랑살랑 흔든다.

바삭바삭 ❶ 가랑잎이나 마른 검불 따위의 잘 마른 물건을 잇달아 가볍게 밟는 소리, 또는 그 모양

❷ 팔이나 꼬리 따위를 가볍게 자꾸 흔드는 모양
예 과자가 바삭바삭하다.

첨벙첨벙 ● 큰 물체가 물에 부딪치거나 잠기는 소리 또는 그 모양
예 첨벙첨벙 물장구를 치다.

어휘 톡톡

가 을

살랑살랑 바람이
내 머리카락을 간질여요.

바삭바삭 나뭇잎이
발끝에서 웃고 있죠.

첨벙첨벙 개울가엔
오리가 수영해요.

3화 전통 간식 만들기① 끈기가 필요해!

조청 / 약과 / 끈기

오, 그건 어느 정도 맞아!

진짜?

귀한 꿀과 기름 등 몸에 좋은 재료가 들어가 '약이 되는 과자'의 의미를 담고 있어. 고대 중국 한나라 시대에 처음 등장한 후 고려 시대에 들어와 제사 음식으로 자리를 잡았어. 조선 시대 들어서는 잔칫날이나 특별한 날에 빠지지 않는 간식으로…

어휴, 좋은 정보를 알려 주면 좀 적어라, 적어. 수첩 뒀다 뭐 하니?

요즘 누가 수첩을…

자자, 일단 밀가루와 꿀을 섞은 뒤 여기에 소금과 참기름, 계피가루를 넣을 거야. 혹시 꿀이 없으면 조청을 넣어도 돼.

조총?

그건 임진왜란 때 불 붙여 쓰던 총이고!

조청은 아직 굳지 않은 엿을 말해.

아하~.

21

조청 造清 〉 만들 조, 맑을 청

- 엿 따위를 만드는[造] 과정에서
  묽게[清] 고아서 굳지 않은 엿

떡을 찍어 먹는 조청

약과 藥菓=藥果 〉 약 약, 과자 과

- 밀가루를 기름과 꿀에
  반죽하여 기름에 지진 과자

꿀에 반죽한 약과

끈기 氣 〉 기운 기

❶ 물건의 끈끈한 기운[氣運]
   예 찰떡은 끈기가 있다.
❷ 참을성이 있어 꾸준히 견디는 기질
   예 끈기 있게 잘 버티어 나가다.

끈끈한 찰떡

어 휘 더 하 기

우아, 다 맛있어 보여! 또 맛난
옛날 과자엔 뭐가 있어?

유과가 있지.
찹쌀가루로 만든 반죽을
둥글고 길쭉하게
모양을 만들어 기름에
튀겨 만드는 거야.
겉에 꿀이나 조청을….

유과

쿨쿨~.

어휴,
설명해 주면
좀 들어라!

23

태극 太極 › 클 태, 끝 극

● '동양 철학에서 우주 만물의 근원이 되는 실체. 또는 그것을 붉은빛과 푸른빛 고리가 서로 맞물린 동그라미로 나타낸 것

문양 文樣 › 무늬 문, 모양 양

❶ 속뜻 무늬[文]나 모양[模樣] 예 비슷한 문양이 고구려 벽화에도 보인다.
❷ 옷감이나 조각품 따위를 장식하기 위한 여러 가지 모양
　 예 치마에 꽃 문양을 수놓다.

사괘 四卦 › 넉 사, 점괘 괘

● 태극기의 모서리에 있는 네[四] 괘[卦]를 통틀어 이르는 말로, 하늘·땅·물·불을 뜻한다. 각각의 이름은 건괘, 곤괘, 감괘, 이괘이다.

어휘 톡톡

태극 문양은 음(파랑)과 양(빨강)의 조화를 상징하는데, 우주가 음양의 조화로 생명을 얻고 발전한다는 진리를 표현했지.

태극기의 흰색 바탕은 평화를 사랑하는 우리 민족성을 나타내.

5화

왜 화내시지?

진지 / 여쭙다 / ~께 / ~께서

만년옹은 요즘 고민이 생겼다.

흐음, 내가 그렇게 나이 들어 보이나?

패션을 바꿔 볼까?

샤삭~!

낮에 먹은 떡볶이, 매워도 맛있었지?

응, 매콤하니 맛나더라.

응??

떡볶이는 나도 좋….

슝~!

근데 매운 걸 먹을 땐 어떤 얼굴이야? 아까 먹느라 정신없어서 네 얼굴을 전혀 못 봤지 뭐야.

그야 빨강이지.

밥이야 먹었지.
다른 궁금한 건 없냐?

특별히
물어볼 건
없는데요?

어휴, '여쭈어볼 거'라고
해야지.

난 상관없어!!

거 봐! 화내시잖아!

친구가 예의가 없어 어르신께 실수를 했네요.
어르신께서 이해해 주세요.

글쎄,
난 괜찮다니까!

더 화내시기
전에 어서
가자.

응….

흑, 난 그냥 대화에
끼고 싶었을 뿐인데….

진지

- '밥'의 높임말 예 할아버지, 진지 드셨어요?

여쭙다

❶ '묻다'의 높임말 예 모르는 문제는 선생님께 여쭈어 봐라.
❷ 웃어른에게 말씀을 올리다. 예 할머니께 인사를 여쭈다.

께

- '에게'의 높임말 예 이 놀라운 소식을 부모님께 가장 먼저 알려 드리자.

께서

- 그 대상을 높임과 동시에 그 대상이 문장의 주어임을 나타내는 격 조사
  예 교장 선생님께서 책을 보고 계신다.

어휘 퀴즈

❶ 끼니로 먹는 음식인
  '밥'의 높임말은?
  ①진심 ②진주 ③지진 ④진지

❷ 아래 문장 중 옳은 표현을
  고르세요.
  ① 할아버지께 물어보자.
  ② 할아버지한테 여쭈어보자.
  ③ 할아버지께 여쭈어보자.

한가해 보이네~.
명절 준비 안 해?

어머, 명절!

깜빡했어!

난 있잖아. 명절 음식 중엔 기름에
지글지글 부친 녹두 빈대떡이 제일 좋아!

나도!
나도!

파라락, 너는?

음, 여러 가지가 있지만 역시
명절 음식 중에 최고는….

강정이지!

그게 뭐야?

강정을 **모르다니!!**

꼭 알아야
되는 건가?

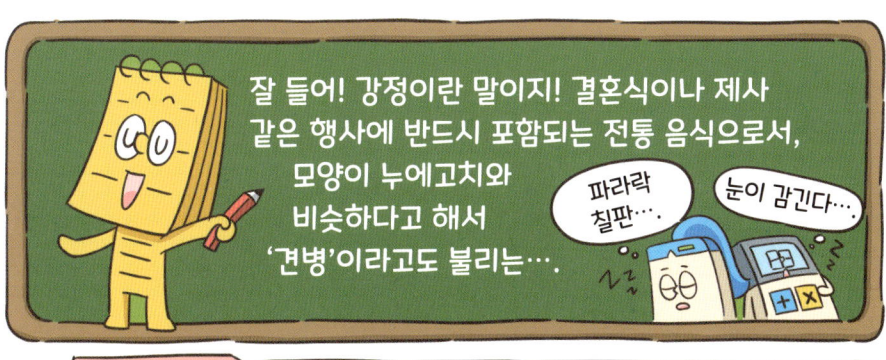

잘 들어! 강정이란 말이지! 결혼식이나 제사 같은 행사에 반드시 포함되는 전통 음식으로서, 모양이 누에고치와 비슷하다고 해서 '견병'이라고도 불리는….

파라락 칠판….

눈이 감긴다….

만드는 방법은

찹쌀가루를 반죽해서 ▶ 말린 것을 가늘게 썰어서 ▶ 기름에 튀기고 ▶ 깨, 콩가루 같은 고물을 묻히면 완성!

근데 혼자서 여러 가지 명절 음식을 만들기는 힘들어.

그럼 각자 한 가지씩 만들어서 나눠 먹는 건 어때?

좋은 생각이야! 아예 재료를 준비해 다 같이 모여서 만들자!

좋아, 좋아! 재밌을 것 같아!

그럼 각자 준비할 음식은 내가 정할게. 난 강정, 배티는 식혜, 씨씨는 인절미를 준비하자.

식혜는 재료가 뭐지?

엿기름이지!

강정

- 찹쌀가루를 반죽해 기름에 튀긴 뒤 고물을 묻힌 과자

강정

고물

❶ 인절미나 경단 따위의 겉에 묻히거나, 시루떡의 켜와 켜 사이에 뿌리는 팥, 콩 등의 가루
❷ 옛날 물건[古物] 옛 고, 만물 물
❸ 낡고 헌 물건

콩고물을 묻힌 인절미

엿기름

- 보리에 물을 부어 싹이 트게 한 다음 말린 것으로 엿과 식혜를 만드는 데 쓰인다.

엿기름

엿

- 쌀, 찹쌀 같은 곡식이나 고구마 녹말에 엿기름을 넣어 달게 졸인 과자
  예 시험 날 아침에 벽에 엿을 붙였다.

여러가지 엿

7화 재밌는 말을 알아볼까?

머리를 맞대다 / 손발을 맞추다 / 쇠뿔도 단김에 빼다 / 찰나의 순간

그런 걸 관용 표현이라고 해.

윽!

응?

두 개 이상의 낱말이 합쳐져 원래 뜻과 다른 새로운 뜻으로 쓰이는 걸 말해.

쇠뿔도 단김에 빼랬다고, 몇 가지 더 알아볼까?

엥?

슝~!

뿅~!

어휴, 그야말로 '찰나의 순간'에 사라졌군.

어휘 알기

머리를 맞대다

● 어떤 일을 의논하거나 결정하기 위하여 서로 마주 대하다.

예 머리를 맞대면 방법을 찾을 수 있어!

손발을 맞추다

● 함께 일을 하는 데 마음이나 의견, 행동 방식을 서로 맞게 하다.

예 우리 반 모두가 손발을 맞추면 운동회에서 우승할 수 있을 거야.

쇠뿔도 단김에 빼다

● 든든히 박힌 소의 뿔을 뽑으려면 불로 달군 김에 해치워야 한다는 뜻으로, 어떤 일이든지 마음먹었으면 한창 열이 올랐을 때 망설이지 말고 곧 행동으로 옮겨야 함을 비유하는 말이다.

예 쇠뿔도 단김에 빼다고, 흔들리는 이를 지금 뺄까?

찰나(의 순간)

❶ 어떤 일이나 사물 현상이 일어나는 바로 그때

예 차에서 내리려는 찰나, 오토바이가 옆을 지나갔다.

❷ '매우 짧은 동안'을 뜻하는 말

예 내가 연필을 꺼내려는 찰나, 핸드폰이 울렸어.

8화 그날을 기다려

하루에도 열두 번 / 손꼽아 기다리다 / 애간장이 타다 / 금이 가다

어휘 알기

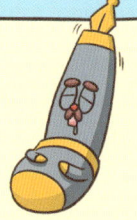

하루에도 열두 번
- 매우 빈번하게
  - 예 만년옹은 하루에도 열두 번은 졸고 있다.

손꼽아 기다리다
- 기대에 차 있거나 안타까운 마음으로 날짜를 꼽으며 기다리다.
  - 예 마시멜은 소풍을 손꼽아 기다렸다.

애간장이 타다
- 몹시 초조하고 안타까워서 속이 많이 타다.
  - 예 배티는 충전되길 기다리느라 애간장이 탔다.

금이 가다
- 서로의 사이가 벌어지거나 틀어지다.
  - 예 파라락은 자신의 설명에 졸기만 하는 친구들의 모습을 보며 우정에 금이 가는 걸 느꼈다

어휘 톡톡

소풍

하루에도 열두 번
하늘을 올려다봐요.
비가 올까, 해가 뜰까
애간장이 타요.
내일은 손꼽아 기다리던
소풍 날이거든요.

9화

입을 옷이 없어

눈에 띄다 / 간이 크다

어휘 알기

눈에 띄다
- 두드러지게 드러나다.
  예 피아노 실력이 눈에 띄게 늘었구나.

간이 크다
- 겁이 없고 매우 대담하다.
  예 작은 강아지가 호랑이한테 덤비다니, 간이 크네.

어휘 톡톡

토끼

작은 토끼 한 마리
간도 크게 밤하늘 별을 향해 깡충 뛰어 올라요.

딸랑딸랑, 반짝반짝!
눈에 띄게 큰 귀로 별빛 소리를 들었대요.

토끼는 웃으며 말해요.
내 귀가 커서 다 들려. 세상은 참 신기해!

어휘 더하기

어머, 저 장미 눈에 띄게 아름다워~!

어떤 장미?

저기, 붉은빛을 띤 장미 말이야!

오~, 빛깔을 말할 때는 '띄다'가 아닌 '띠다'로 쓰는 걸 잘 알고 있군.

이쯤이야~.

10화

친구를 사귀려면

천하를 얻은 듯 / 물 쓰듯 / 발이 넓다

옛날 어느 나라에 엄청난 부자가 있었습니다.

훗,

난 세계 제일의 부자다! **천하를 얻은 듯** 부러울 게 하나도 없지!

현재

근데 왜 네가 부자야?

예를 든 거야! 그냥 들어!

다시 이야기 속

핫핫핫!
세상 모든 게 내 것이다!

어휘 알기

천하를 얻은 듯

- 매우 기쁘고 만족스러움을 비유적으로 이르는 말
- 천하[天下 하늘 천, 아래 하] 온 세상

마시멜이랑 데이트를 하면 천하를 얻은 듯 기쁠 텐데!

물 쓰듯

- 물건을 헤프게 쓰거나, 돈 따위를 흥청망청 낭비하다.

옷 사느라 돈을 물 쓰듯 썼더니, 이번 달 용돈이 부족해.

발이 넓다

- 사귀어 아는 사람이 많아 활동하는 범위가 넓다는 뜻

나는 발이 넓으니까 생일 파티에 친구들이 많이 오겠지?

어휘 톡톡

'잠 오래 자기 대회'의 올해 우승자 만년옹 씨를 만나 보겠습니다. 축하드립니다.

제가 발이 넓거든요. 내 오랜 친구들에게 한턱 쏘려면 상금을 물 쓰듯 쓰게 될 것 같네요.

감사합니다. 천하를 얻은 듯 기쁘군요.

아하하, 그렇군요.

우승 상금으로 뭘 하실 건가요?

그래도 괜찮습니다. 내년 대회도 일등은 문제없을 테니까요.

어휘 알기

메모

- 말을 전하거나 잊지 않기 위하여 짧게 적어 둠. 또는 그 글

흠… 내 보물상자 비밀번호를 어디에 메모해 뒀더라….

간추리다

파라락, 설명 좀 간추려서 해 줄래?

❶ 흐트러진 것을 가지런히 정돈하다.

예 바닥에 흩어진 종이를 간추려 상자에 담아 두었다.

❷ 글 따위에서 중요한 점만 골라 짤막하게 정리하다.

예 책의 내용을 간추려 공책에 적었다.

효과적 效果的 보람 효, 열매 과, 것 적

자, 내 설명을 들으면 보다 효과적으로 공부할 수 있을 거야.

- 보람[效]이 있는 결과[結果]가 있는 것[的]

어휘 톡톡

파라락이 메모를 남겨 놨네?

이 메모를 효과적으로 이용하는 방법이 있어!

메모가 여러 장이야. 간추려 봐도 순서가 뒤섞여서 무슨 말인지 잘 모르겠어.

어떤 방법이야?

그냥 다 버리고 파라락한테 가서 직접 물어보는 거야!

12화

무서운 옛날이야기? ❶

장승 / 부적 / 소저 / 나그네 / 사랑채 / 수심 / 궤짝

옛날 어느 선비가 한밤중에 숲속 길을 걷고 있었습니다.

어디서 하룻밤 묵었으면 좋겠는데….

오, 저기 집이 보이는군.

깜짝이야! 웬 장승이…!

경고
이 마을에 들어오면 불길한 일이 생긴다.

경고!
이 마을에 들어오면 불길한 일이 생긴다!

하하, 설마….

쿵!

응?

뭐지?

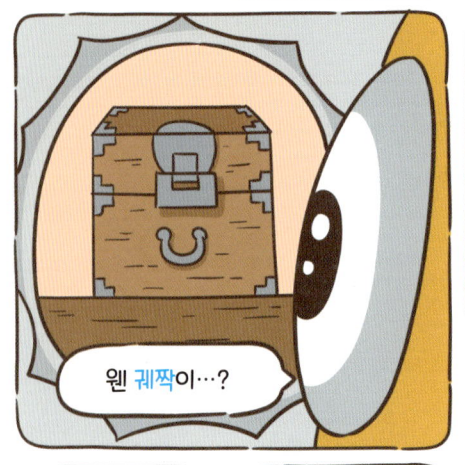

웬 궤짝이…?

잠시 실례 좀….

무, 무슨 일로….

신체 사이즈 좀 재겠습니다.

무, 무슨 짓이오?

그럼 편히 쉬십시오.

뭐, 뭐지?!

어휘 알기

장승

- 마을 어귀나 길가에 세우던 목상[木像]이나 석상[石像]. 이정표[里程表] 또는 마을의 수호신 구실을 하였다.

부적 符籍 〉 부호 부, 문서 적

- 잡귀를 쫓고 재앙을 물리치기 위해 쓰이던 쪽지나 문서 붉은색으로 글씨를 쓰거나 그림을 그려 몸에 지니거나 집에 붙인다.

소저

- 아가씨를 부르는 옛말

나그네

- 자기 고장을 떠나 떠돌거나 다른 곳에 잠시 머무는 사람

궤짝

- 물건을 넣도록 나무로 네모나게 만든 통

사랑채 舍廊- 〉 집 사, 곁채 랑

❶ 집[舍]의 곁채[廊]
❷ 바깥주인이 거처하며 손님을 대접하는 곳

수심 愁心 〉 근심 수, 마음 심

- 근심하는[愁] 마음[心]

> 요즘 만년옹의 얼굴에 수심이 가득해. 통 좋지도 않으시고.

무서운 옛날이야기? ❷

비단 / 삼베 / 모시 / 골무 / 인두 / 땀

낯선 집에서 하룻밤을 묵게 된
선비 쫀도기에게 과연 무슨 일이…?

신체 사이즈는
왜 쟀을까?

아 참, 깜빡한
게 있어서….

왜 또…?

비단, 삼베, 모시 중
어떤 옷감이 마음에 드시나요?

오, 옷감은 왜…?

선비 쫀도기는 그대로 도망을 쳤습니다.

귀신의 집이 틀림없어!

다음 날 아침

어머? 선비님이 어디 가셨지?

옷이 해졌기에 한 땀 한 땀 정성스레 새 옷을 지었는데….

사실 그 궤짝 속에는 바늘과 실, 골무, 인두 등 바느질 도구가 있었다.

마을 앞 장승에 붙은 경고장은 동네 꼬마의 장난이며,

헤헤, 이러면 겁나겠지?

경고
이 마을에 들어오면 불길한 일이 생긴다.

부적 파는 노인은 그냥 장사꾼이었다.

잉, 부적이 도통 안 팔리네. 좀 더 겁을 줘야 하나?

62

어휘 알기

비단 緋緞 〉 비단 **비**, 비단 **단**

- 누에고치에서 뽑아낸 명주실로 두껍고 광택이 나게 짠 옷감을 통틀어 이르는 말

삼베

- 마라는 식물의 껍질에서 뽑아낸 실로 짠 천

모시

- 모시풀 껍질의 섬유로 짠 옷감. 삼베보다 빛깔이 희고 여름 옷감으로 많이 쓰인다.

골무

 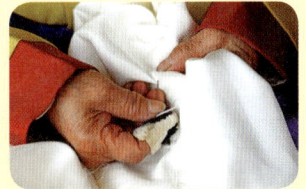

- 바느질할 때 바늘을 눌러 밀기 위하여, 바늘 쥔 손가락 끝에 끼는 도구

인두

- 불에 달구어, 천의 구겨진 곳을 펴거나 솔기를 꺾어 누르는 데 쓰는 기구

땀＝바늘땀

한 **땀** 한 **땀**, 솜씨를 발휘해 보지요.

- 바느질할 때 실을 꿴 바늘로 한 번 뜬 자국

14화 다 함께 글을 쓰자

독서 감상문 / 주제 / 줄거리 / 견문 / 경험 / 실감 나다 / 공감

각자 글을 써서 발표하기로 한 날

모두들 써 왔지?
누구부터
발표해 볼래?

내가 먼저 할게.
난 독서 감상문을
썼어.

무슨 책을 읽었는데?

콩쥐 팥쥐!

콩쥐는 불쌍해.
정말 너어~무 불쌍해.

맞아.

독서 감상문 讀書 感想文
읽을 **독**, 글 **서**, 느낄 **감**, 생각 **상**, 글월 **문**

- 글[書]을 읽고[讀] 나서, 책을 읽게 된 까닭·내용·인상 깊은 부분, 마음에 느끼어[感] 일어나는 생각[想]을 적은 글[文]

주제 主題
주될 **주**, 제목 **제**

1. 속뜻 연설이나 토론 따위의 주요[主要] 제재[題材]나 제목[題目]
2. 대화나 연구 따위에서 중심이 되는 문제
3. 작품에서 지은이가 나타내고자 하는 중심 생각

줄거리

- 이야기의 중심이 되는 내용

독서 감상문을 서로 나눠 보자!

견문 見聞
볼 **견**, 들을 **문**

1. 속뜻 보고[見] 들음[聞]
2. 보고 들어서 얻은 지식

실감 나다
- 실제로 체험하는 듯한 느낌이 들다.

귀신 경험은 그만할래~!

공감 共感
함께 **공**, 느낄 **감**

- 남들과 함께[共] 감정·의견·주장 따위에 대하여 똑같이 느낌[感]. 또는 그런 감정

경험 經驗
지날 **경**, 겪을 **험**

- 실제로 해 보거나[經] 겪어 봄[驗]. 또는 거기서 얻은 지식

15화 명탐정 씨씨

바스락 / 짐작 / 관점 / 추론 / 단서

내 이름은 명탐정 씨씨! 해결하지 못할 사건은 없지!

이곳은 사건 의뢰를 받은 마시멜 부인의 집이다.

밤마다 어디선가 '바스락' 소리가 들려요. 마치 도둑이 든 것처럼요.

없어진 게 있나요?

아뇨, 없어요.

그렇다면 도둑은 아니군요!

듣고 보니 그렇네요?

혹시 최근에 누군가에게 잘못한 게 있나요?

아뇨, 없어요.

다시 한번 잘 생각해 보세요.

아뇨, 짐작 가는 데가 없어요.

집을 좀 둘러볼까요? 누군가 침입했다면 단서가 될 흔적을 남겼을 겁니다.

둘러보세요.

어휘 알기

바스락 ● 마른 잎이나 종이 등을 밟거나 뒤적일 때 나는 소리

짐작 斟酌 술 따를 **짐**, 술 따를 **작**
❶ 속뜻 술잔에 적당하게 잘 따름[斟＝酌].
❷ 사정이나 형편 따위를 어림잡아 잘 헤아림.

관점 觀點 볼 **관**, 점 **점**
● 사물이나 현상을 관찰할 때, 그 사람이 보고[觀]
생각하는 태도나 방향[點]

추론 推論 밀 **추**, 논의할 **론**
❶ 속뜻 어떤 일을 짐작하여[推] 생각하고 논의[論議]함.
❷ 이미 아는 정보를 근거로 삼아 다른 판단을 이끌어 냄.

단서 端緖 끝 **단**, 실마리 **서**
❶ 끄트머리[端]나 실마리[緖]
❷ 어떤 문제를 해결하는 일의 첫 부분
예 그녀는 문제 해결의 단서를 찾아냈다.

어휘 톡톡

바스락 바스락

낙엽을 밟으며
나는 짐작해 봐요.

누가 먼저 지나갔을까?
고양이일까, 다람쥐일까?

작은 발자국 하나가
단서처럼 남아 있어요.

다른 관점으로 보면
가을의 비밀이 보여요.

2장 교과 어휘 사회 편

어휘 알기

고장 ● 사람이 많이 사는 지방이나 지역

신문 新聞 〉 새 신, 들을 문

❶ 속뜻 새로[新] 들은[聞] 소식
❷ 사회에서 발생한 사건에 대한 사실이나 해설을 널리 신속하게 전달하기 위한 정기 간행물 예 신문을 배달하다.
❸ 신문지

고장 신문

● 고장의 중요한 장소와 관련된 다양한 정보를 담은 신문

도서관 圖書館 〉 그림 도, 글 서, 집 관

● 온갖 종류의 도서[圖書]·문서·기록·출판물 따위를 모아 보관하고 공중에게 열람하도록 개방한 시설[館]

어휘 톡톡

〈우리 고장 신문〉 기자 배티입니다. 고장의 자랑, 도서관 앞에서 고장 분들과 얘기 나눠보겠습니다. 안녕하세요~ 평소에 도서관을 자주 이용하시나요?

네! 여기 도서관 화장실이 쾌적해서….

우리 고장에선 오래 사셨나요?

글쎄요~ 공장에서 출고된 후 한 번도 옮긴 적이 없는데….

마지막으로 고장 자랑 한마디 해 주신다면요…?

조용하다? 마치 귀신이라도 나올 듯….

네, 네. 이것으로 인터뷰를 마치겠습니다.

디지털 영상 지도 / 백록담 / 금강산 / 독도

너희들 알프스 가 본 적 없지?

알프스?

어딘데?

새하얀 눈 덮인 산을 기차 타고 올라가면….

도통 상상이 안 돼….

직접 볼 수 있으면 좋을 텐데….

아, 디지털 영상 지도를 확인해 보자!

정말?

어휘 알기

디지털 영상 지도
- 위성 사진이나 항공 사진 등을 이용해 지구 곳곳을 자세히 볼 수 있도록 만든 디지털 공간 자료

금강산
- 강원도(북한) 고성군·회양군·통천군에 걸쳐 있는 명산

백록담
- 제주특별자치도 한라산 봉우리에 있는 화구호 화산 작용으로 생긴 분화구에 물이 고여 형성되었다.

독도 獨島
홀로 독, 섬 도
- ❶ 속뜻 홀로[獨] 우뚝 솟아 있는 섬[島]
- ❷ 경상북도 울릉군에 속하는 화산섬. 두 개의 큰 섬인 동도[東島]와 서도[西島], 그 주변의 89개의 작은 섬들로 이루어져 있다.

어휘 톡톡

할아버지, 디지털 영상 지도 같이 보실래요?

뭐라고? 돼지 털?

아니요, 디지털 영상 지도요. 이걸 사용하면 힘들게 직접 가지 않아도 어디든 자세히 볼 수 있거든요.

그래? 그럼 그 멋지다는 금강산도 볼 수 있는 거냐?

물론이죠. 자, 여기 보세요.

아차차! 금강산도 식후경이라고, 금강산 구경하기 전에 밥부터 든든히 먹어야지.

네? 그냥 화면으로 보는 건데….

3화

그 정도는 아니거든?

통신 수단 / 서찰 / 전자 우편 / 공중전화

동전이나 신용카드를 넣고 전화를 거는 거야. 예전엔 전화 카드란 것도 있었어.

어머!

전화카드

공중전화라…. 휴대폰이 없던 시절엔 줄을 서서 기다려야 했지.

공중전화

역시 만년옹은 역사의 산 증인~!

그럼 차라리 이메일을 보내는 게 편하지 않나?

휴대폰이 없던 시절에 전자 우편이 있었겠냐?

그런가?

근데 궁금한 게 있어요.

오, 그래! 뭐든지 물어보렴!

만년옹이 젊으셨을 땐….

오~ 젊을 때라….

어휘 알기

통신 수단 通信手段
통할 **통**, 믿을 **신**, 손 **수**, 구분 **단**

- 서로 소식이나 정보를 주고받을 때 이용하는 방법이나 도구.
  전화나 전신, 우편 따위가 있다.

서찰 書札
편지 **서**, 쪽지 **찰**

- 편지[書=札] 안부나 소식을 글로 적어 보내는 글

전자 우편

- 컴퓨터 이용자끼리 네트워크를 통하여
  문서나 화상 등의 정보를 주고받는 통신 시스템

공중전화

- 동전이나 카드 따위로 통화료를 부담하면 누구나 이용할 수 있도록
  공공장소에 설치된 전화기

공중전화 💯

공중전화에 동전 넣고 "여보세요!" 하던 그때,
떨리는 목소리로 마음을 전했어요.

편지에 꾹꾹 눌러 쓴 마음, 손끝이 먼저 떨렸죠.

이젠 전자 우편 한 통으로 그리움을 보낼 수 있어요.

통신 수단은 달라졌지만 보고 싶은 마음은 똑같아요.

교통수단 / 돛단배 / 카페리 / 자기 부상 열차 / 가마

그제 여행에서 아주 신기한 걸 탔어.

자기 부상 열차라는 건데….

응?

그게 뭐야?

자기… 부상…?

그 열차에 타면 저절로 *공중 부양을 하는 건가?

*공중 부양 : 공중으로 떠오름. 또는 떠오르게 함.

어휘 알기

교통수단 交通手段
서로 **교**, 통할 **통**, 손 **수**, 구분 **단**

- 사람들이 이동하거나 물건을 옮길 때 쓰는 수단. 자동차, 기차, 배, 비행기 등이 있다.

돛단배

- 돛을 단 배. 돛이 바람을 받아 배를 가게 한다.

카페리

- 육지와 섬을 오가며 사람, 물건, 자동차 등을 실어 운반하는 배

자기 부상 열차 磁氣浮上列車
자석 **자**, 기운 **기**, 뜰 **부**, 윗 **상**, 벌일 **열**, 수레 **차**

- 자기력[磁氣力]을 이용하여 차량을 궤도 위로 띄워[浮上] 달리는 열차[列車]

가마

- 안에 사람이 앉아서 타고, 둘 또는 넷이 조그만 집 모양의 탈것

5화 여행은 힘들어

휴식 / 여가 활동 / 산비탈 / 해상 / 해산물 / 강수량

이번 주말부터 연휴잖아?

10月

집에만 있긴 너무 아까워!

우리 여행 갈까?

좋아!

난 산도 타고 서핑도 하고, 그동안 못 한 여가 활동을 할 거야!

계산 따위 싹 잊고 휴식할 거야. 일광욕도 하고, 낮잠도 실컷 자면서….

어휘 알기

휴식 休息 > 멈출 휴, 쉴 식
- 하던 일을 멈추고[休] 잠깐 쉼[息]

열심히 공부를 했으니, 이제부터 **휴식**이다~!

여가 활동 餘暇活動 > 남을 여, 겨를 가, 살 활, 움직일 동
- 시간이 남아[餘] 한가로운[暇] 시간에 하는 자유로운 활동[活動]

난 요즘 **여가 활동**으로 피아노를 배우고 있지.

산비탈 山-- > 메 산
- 산[山]에 가파르게 기울어져 있는 곳

나도 왕년에는 **산비탈** 정도는 뛰어올랐지.

해상 海上 > 바다 해, 위 상
- 바다[海] 위[上]

해상에 3미터 이상의 높은 파도가 일 때는 바다에 나가지 않도록!

해산물 海産物 > 바다 해, 낳을 산, 만물 물
- 바다[海]에서 나는[産] 생물[生物]. 어패류나 해초 등이 있다.

나는 **해산물** 중에서 새우가 제일 좋아~!

강수량 降水量 > 내릴 강, 물 수, 분량 량
- 일정 기간 동안 일정한 곳에 내린[降] 비·눈·우박 따위를 모두 물[水]로 환산한 분량[分量]

문방구 친구들, **강수량**이 적으니 물을 아껴 씁시다!

할머니 댁의 추억

6화

구들장 / 오곡밥 / 부럼 / 풍속 / 메주

지난 주말에
시골 할머니 댁에 다녀왔어.

좋았겠다.

맛있는 것도
많이 먹었겠다.

시골에 할멈이 뭐 어쨌다고…?

시골 할멈이 아니라,
시골 할머니 댁이요!

근데 할머니 댁에 가면
뭐가 제일 좋아?

난 있잖아~.

나도 대보름날 재밌는 기억이 있지.

호두, 땅콩같이 딱딱한 부럼을 먹다가 이가 부러졌어.

윽, 아팠겠다!

저건 슬픈 기억 아냐…?

난 저번에 할머니 댁에서 메주라는 걸 받았어. 감사히 받아오긴 했는데….

뭐에 쓰는 건지 몰라서 베개로 쓰고 있어. 냄새가 좀 나긴 하지만 그럭저럭 쓸 만해.

쿰쿰~

헉! 냄새!

코가 막혔냐…?

| **구들장** | ● 난방을 위해 아래로 불기운을 통하게 한 구조물인 구들을 만들고자 바닥에 얹는 넓고 얇은 돌 |

풍속 風俗   바람 **풍**, 속될 **속**
❶ 속뜻 한 사회의 풍물[風物]과 습속[習俗]
❷ 옛날부터 그 사회에 전해 오는 생활 전반에 걸친 습관
❸ 그 시대의 유행과 습관(= 풍습)

오곡밥 五穀-   다섯 **오**, 곡식 **곡**
● 찹쌀에 기장, 찰수수, 검정콩, 붉은팥의 다섯 가지 곡식으로 지은 밥. 대개 음력 정월 대보름에 지어 먹는다.

부럼 ● 정월 대보름날 아침에 까먹는 밤·잣·호두·땅콩 따위

메주 ● 무르게 삶은 콩을 찧어 뭉쳐서 띄워 말린 것. 간장·된장·고추장을 담그는 원료이다.

▲ 오곡밥과 나물, 부럼   ▲ 메주

어휘 톡톡

오곡밥

부럼 까먹고 오곡밥 배불리 먹은 보름날,
두둥실 떠오른 달님 보며 소원 빌어요.

우리 가족 건강하게 해 주세요.
달님이 끄덕끄덕 환히 웃어요.

7화 덕담을 주고받자

친밀감 / 풍습 / 덕담 / 갈등

'까치 까치 설날은 어저께고요~
우리 우리 설날은 오늘이래요~.'

벌써 내일이 설날이네.
다들 설날 준비했어?

물론이지.

샤라랑~

난 명절을 맞아
저고리와
치마를
준비했어.

난 그저께부터 굶는 중~.

아니,
왜?

어휘 알기

친밀감 親密感 › 친할 **친**, 빽빽할 **밀**, 느낄 **감**

● 지내는 사이가 아주 친하고
   가까운 느낌

> 나는 **친밀감**을
> 느끼는 친구에겐
> 팔짱을 꼭 껴.

풍습 風習 › 풍속 **풍**, 버릇 **습**

● 옛날부터 전해 내려오는
   풍속[風俗]과 습관[習慣]

> 태국에서는
> 새해에 서로에게
> 물을 뿌리는 **풍습**이
> 있어. 그게 '송크란
> 축제'야.

덕담 德談 › 베풀 **덕**, 말씀 **담**

● 남이 잘되기를 비는 말

> 설날에
> 어른들이 좋은
> 말씀을 해 주시는 게
> 바로 **덕담**이지.

갈등 葛藤 › 칡 **갈**, 등나무 **등**

❶ 속뜻 칡[葛] 덩굴과 등나무[藤] 덩굴이 서로 뒤얽힘.
❷ '견해·주장·이해 등이 뒤엉킨 반목·불화·대립·충돌'을
   비유하여 이르는 말
❸ 두 가지 이상의 상반되는 요구나 욕구,
   기회 또는 목표에 직면하였을 때,
   선택을 하지 못하고
   괴로워함. 또는 그런 상태

> 분명히 덕담을
> 주고받았는데,
> **갈등**이 생긴
> 이유가 뭘까?

8화

그분도 문화유산?

문화유산/유형 문화유산/무형 문화유산/첨성대/석굴암/고려청자

지난 주말에 경주에 다녀왔어!

오, 첨성대네?

경주에 엄청 큰 동상이 있다던데?

석굴암이잖아!

그리고 불상이야!

맞다, 석굴암!

한복 입은 관람객들이 많더라. 물론 나도 입었지.

너무 신나게 놀다가 사고가 있었지만….

띠이이…
'방전됐습니다'.

너도 어디 다녀왔다며?

응, 경복궁~.

모두 자랑스러운 문화유산을 체험하고 왔군.

그냥 놀다 온 건데….

문화재엔 유형 문화유산과 무형 문화유산이 있지.

유 씨가 만든 거, 무 씨가 만든 거?

익산 미륵사지 석탑이나 고려청자같이 형태가 있는 게 유형 문화유산!

아, 형태가 없으면 무형 문화유산?

그렇지.

어휘 알기

문화유산 文化遺産
글월 문, 될 화, 남길 유, 재물 산

- 다음 세대에 물려줄[遺産] 민족 및 인류 사회의 모든 문화[文化]

유형 문화유산 有形文化遺産
있을 유, 형상 형, 글월 문, 될 화, 남길 유, 재물 산

- 건축물, 책처럼 형체가 있는[有形] 문화재

무형 문화유산 無形文化遺産
없을 무, 형상 형, 글월 문, 될 화, 남길 유, 재물 산

- 구체적인 형태가 없는[無形] 문화적 소산

▲ 첨성대

첨성대 瞻星臺
볼 첨, 별 성, 돈대 대

❶ 속뜻 별[星]을 관측하여
  보는[瞻] 누대[樓臺]
❷ 옛 신라 때의 천문 관측대. 선덕 여왕
  때 축조한 것으로 경주에 있다.

▲ 석굴암

석굴암 石窟庵
돌 석, 움 굴, 암자 암

- 경주 불국사 뒤 토함산 중턱에 있는
  석굴[石窟] 속의 암자[庵子]

고려청자 高麗靑瓷
푸를 청, 사기그릇 자

- 고려[高麗] 시대에 만든 푸른빛[靑]의
  자기[瓷器]를 통틀어 이르는 말

▲ 고려청자

만약에 먼 미래에

9화

가상 / 발굴 / 복원

쫀도기는 가끔씩 상상의 세계에 빠질 때가 있다.

흐음…

왜 저래?

보나 마나 쓸데없는 상상 중일걸….

106

가상 假像   거짓 **가**, 형상 **상**

● 실물처럼 보이는 거짓[假] 형상[像]
> 예 가상 현실 게임을 즐기고 있다.

....

발굴 發掘   드러낼 **발**, 팔 **굴**

❶ 속뜻 땅속에 묻혀 있는 유적 따위를 발견[發見]하여 파냄[掘].
> 예 고대의 유적을 발굴하다.

❷ 아직 알려지지 않은 뛰어난 인재나 희귀한 물건을 찾아냄.
> 예 이번 오디션에서 놀라운 인재를 발굴했다.

....

복원 復元   되돌릴 **복**, 으뜸 **원**

● 본래[元]대로 회복[回復]함

어휘 톡톡

발굴

유물 발굴 현장에서 오래된 금관이 나왔어요.

살살 닦아 복원하니 빛이 다시 살아나요.

가상 현실처럼 금관을 쓴 왕의 모습이 눈앞에 그려져요.

과거와 현재가 만나는 기적의 순간이에요.

10화

이상한 친구가 나타났다

다수결 / 비용 / 토의 / 타협 / 협력

새로운 친구 등장!

처음엔 괜찮은 친구로 보였는데….

하지만 이런 문제가 있었다.

떡볶이 어때?

난 햄버거가 좋은데….

찬성!

떡볶이가 세 명이니 다수결에 따라….

흠…

이러면 어때?

뽕~!

헉!

뽕~!

뽕~!

뽕~!

다섯 명이니까 햄버거로 결정! 맞지?

컥!

우걱~ 우걱~

저, 정체가 뭐야…?

나도 몰라.

무서워….

그럼 비용은 각자 먹은 만큼 나눠 내자.

좋아.

시카는 5인분이니까….

어머! 잠깐만!

뽕~ 뽕~ 뽕~

헉!

이러면 1인분 맞지?

그, 그래….

집에 갈 땐 버스가 좋을까? 아님 지하철?

뽕~뽕~뽕~뽕~!

버스가 최고지!

무슨 소리야! 지하철이 편해!

토의해서 타협을 보자고!

저럴 땐 협력이 안 되네.

그러게….

어휘 알기

다수결 多數決
많을 **다**, 셀 **수**, 결정할 **결**
● 회의의 구성원 중 다수[多數]의 찬성으로 가부를 결정[決定]하는 일

비용 費用
쓸 **비**, 쓸 **용**
● 무엇을 사거나 어떤 일을 하는 데 쓰는[費=用] 돈

토의 討議
따질 **토**, 의논할 **의**
● 어떤 문제에 대하여 검토[檢討]하고 의논[議論]함.

타협 妥協
온당할 **타**, 합칠 **협**
❶ 속뜻 두 편이 온당하게[妥] 협의[協議]함.
❷ 어떤 일을 서로 양보하여 협의함. 예 **타협**이 이루어졌다.

협력 協力
합칠 **협**, 힘 **력**
● 서로 돕는 마음으로 힘[力]을 합침[協].
예 **협력**해서 일하다.

얘들아,
이번 여행 바다로
가는 게 어때?

산으로 가자.
그리고 여행 **비용**은
2만원씩 내고,
준비물은….

너 혼자
결정하면 어떡해?
함께 **토의**하고, **다수결**로
결정해야지.

사실,
난 물이 무서워.
배티처럼 방수가
아니란 말이야….

115

어휘 알기

소득 所得 › 것 소, 얻을 득

❶ **속뜻** 어떤 일의 결과로 얻는[得] 것[所]
❷ 경제 활동을 하고 그 대가로 받는 돈 따위
  예 아버지는 매달 소득의 5%를 기부하셨다.

가계부 家計簿 › 집 가, 셀 계, 장부 부

● 한 집안[家] 살림의 수입과 지출 상태[計]를 적어 놓은 장부[帳簿]

소비 消費 › 사라질 소, 쓸 비

❶ 돈이나 물건, 시간, 노력 따위를 써서[費] 사라지게[消] 함.
  예 그 차는 연료를 많이 소비한다.
❷ 생산한 것을 구매하여 사용하는 활동

어휘 톡톡

엄마의 가계부

엄마는 가계부를 쓰고 나는 옆에서 숫자를 세어요.
이번 달 소득이 늘었대요. 그런데 소비도 같이 늘었대요.
과자를 너무 많이 사 먹었나? 엄마가 눈을 찡긋하며 웃어요.
엄마의 가계부를 보는 건 재미있는 경제 공부예요.

12화 영원히 산다면…?

기대 수명 / 인구 밀도 / 고령화

뱀파이어 마시멜로 나가신다!

무섭지?

까악!

정말 재밌다!

난 좀 무서웠어.

나도….

'뱀파이어 마시멜로의 습격'

○○ 영화관

어휘 알기

기대 수명 壽命 ▸ 목숨 수, 목숨 명

● 어떠 사회에 인간이 태어났을 때 앞으로 생존할 것으로 기대되는
평균 생존 연수   예 우리나라 기대 수명은 매년 0.4세씩 늘어나고 있다.

인구 밀도 人口密度 ▸ 사람 인, 입 구, 빽빽할 밀, 정도 도

● 일정 면적 안에 사는 사람 수[人口]의 밀집[密集] 정도[程度]
예 인구 밀도가 가장 높은 도시는 어디일까?

고령화 高齡化 ▸ 높을 고, 나이 령, 될 화

● 나이[齡]가 많은[高] 사람[者]의 비율이 높아지는[化] 것
예 농촌의 고령화 현상이 두드러지고 있다.

어휘 톡톡

121

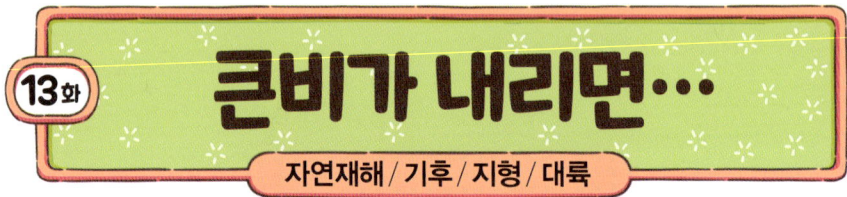

큰비가 내리면…

자연재해 / 기후 / 지형 / 대륙

오늘 오후엔 대기가 불안정해져
전국적으로 큰비가 내릴 예정입니다.
모두 자연재해에 대비하시길 바랍니다.

어휘 알기

자연재해 自然災害

스스로 **자**, 그럴 **연**, 재앙 **재**, 해칠 **해**

● 피할 수 없는 자연[自然] 현상으로 인하여 일어나는 재해[災害]

자연재해에는 태풍, 가뭄, 홍수, 지진, 화산 폭발, 해일 등이 있어.

기후 氣候

기후 **기**, 기후 **후**

❶ 일정한 지역에서 여러 해에 걸쳐 나타난 기온, 비, 눈, 바람 따위의 평균 상태
❷ 기온, 비, 눈, 바람 따위의 대기 상태

여행을 갈 때는 그곳의 기후 확인은 필수! 그래야 기후에 맞는 예쁜 옷을 챙길 수 있거든!

지형 地形

땅 **지**, 모양 **형**

● 땅[地]의 생김새[形勢]

화산형 언덕인 제주도 성산일출봉도 지형이 독특하지.

대륙 大陸

큰 **대**, 뭍 **륙**

❶ 속뜻 크고[大] 넓은 땅[陸]
❷ 바다로 둘러싸인 지구상의 커다란 육지

대한민국은 아시아 대륙에 속해!

125

14화 신문고를 두드려라!

신문고 / 차별 / 편견 / 존중

옛날 어느 마을에….

신문고를 설치했으니 앞으로 억울한 일이 있으면 북을 치도록 하라!

모두 듣거라!

억울하옵니다!

둥~!

저는 친구들과 놀고 싶은데 얼굴이 늙어 보인다고 끼워 주지 않아요.

털썩~!

저런… 많이 억울하시겠군요.

흑흑~

응?

근데 왜 존댓말을….

앗! 얼굴을 보니 나도 모르게….

저도 억울합니다!

둥~!

그래, 무슨 일인지 말해 보거라.

저도 친구들과 놀고 싶은데 계산적으로 보인다고 따돌림을….

이렇게 억울한 일이 많다니…. 백성들은 듣거라.

예예~

어휘 알기

신문고 申聞鼓 > 알릴 신, 들을 문, 북 고

❶ 속뜻 백성이 억울함을 알리고[申] 들려주기[聞] 위하여 치는 북[鼓]
❷ 조선 시대 때, 대궐 문루에 달아 백성이 원통한 일을 하소연할 때
　치게 했던 북

차별 差別 > 다를 차, 나눌 별

❶ 속뜻 다르게[差] 나눔[別] ❷ 차등이 있게 구별함.

편견 偏見 > 치우칠 편, 볼 견 ● 한쪽으로 치우친[偏] 견해[見解]

존중 尊重 > 높을 존, 무거울 중 ● 높여[尊] 귀중[貴重]하게 대함.

어휘 톡톡

신문고

신문고가 걸려 있었던
옛 궁궐의 한 켠처럼,
누구나 목소리를 내는 세상
그게 진짜 존중이에요.

차별과 편견이 사라지면
마음이 한결 가벼워요.
서로의 다름을 인정하면
세상은 더 고요히 웃어요.

어휘 알기

무역 貿易 〉 바꿀 **무**, 바꿀 **역**

❶ 상품을 사고팔며 서로 바꾸는[貿=易] 행위
❷ 나라 사이에 물건이나 서비스를 사고파는 것

수출 輸出 〉 나를 **수**, 날 **출**

❶ 속뜻 실어서[輸] 내보냄[出].
❷ 국내의 상품이나 기술 따위를 외국으로 팔아 내보냄.

수입 輸入 〉 나를 **수**, 들 **입**

● 한외국에서 물품이나 사상, 문화를 날라[輸] 들여 놓음[入].

관세 關稅 〉 빗장 **관**, 세금 **세**

● 세관[稅關]을 통과하는 화물에 매기는 세금[稅金]
   예 수입 자동차에 높은 관세를 내게 하다.

어휘 톡톡

바다를 건너 온 선물

커다란 배가 바다를 건너 무역을 해요.

수입된 과일이 우리 식탁에 올라오고
수출된 신발이 먼 나라 사람의 발에 닿아요.

멀리 떨어져 있어도 서로 나누며 이어져요.

2장
교과 어휘 과학 편

1화

줄줄이 말해요!

오감 / 시각 / 청각 / 후각 / 미각 / 촉각

어휘 알기

오감 五感 〉다섯 오, 느낄 감

다섯[五] 개의 감각[感覺]

눈으로 보는 시각, 귀로 듣는 청각, 코로 맡는 후각, 입으로 느끼는 미각, 피부로 느끼는 촉각을 말해.

시각 視覺 〉볼 시, 깨달을 각

무엇을 눈으로 보고[視] 일어나는 감각[感覺]

시각적 감각이 좋으면 계산의 정확성도 올라간다니까~.

청각 聽覺 〉들을 청, 깨달을 각

무엇을 귀로 들어[聽] 일어나는 감각[感覺]

안 들린다고 눈치 주지 마. 젊을 땐 나도 뛰어난 청각의 소유자였다고~.

후각 嗅覺 〉맡을 후, 깨달을 각

냄새를 맡아[嗅] 일어나는 감각[感覺]

고소한 짜장면의 고소한 향이 후각을 자극해~!

미각 味覺 〉맛 미, 깨달을 각

무엇을 혀 따위로 맛보아[味] 일어나는 감각[感覺]

단맛, 짠맛, 쓴맛, 신맛의 미각이 있지.

촉각 觸覺 〉닿을 촉, 깨달을 각

무엇이 피부 등에 닿아서[觸] 일어나는 감각[感覺]

짜장면이 내 머리에 닿으면 어떤 촉각일까? 끈적일까? 미끌거릴까?

2화

만년옹과 만년설

증발 / 수증기 / 응결 / 만년설

흠….

왜 그래?

무슨 일 있어?

그게…
어제 컵에 담아 놓은 물이
하룻밤 사이 줄어들었어.

141

어휘 알기

증발 蒸發 › 찔 증, 일으킬 발

● 어떤 물질이 액체 상태에서 기체 상태로 변함. 또는 그러한 현상

> 바닥에 고여 있던 물이 점점 증발되고 있어.

수증기 水蒸氣 › 물 수, 찔 증, 공기 기

● 기체 상태로 되어 있는 물. 또는 물[水]이 증발(蒸發)하여 생긴 기체(氣體)

> 가습기를 오래 틀었나 봐. 방 안에 수증기가 가득한 것 같지 않아?

응결 凝結 › 엉길 응, 맺을 결

❶ 속뜻 엉기어[凝] 맺힘[結].
❷ 증기의 일부가 액체로 변하는 현상

> 얼음과 차가운 음료가 든 유리컵에 물방울이 생기는 것은 공기 중의 수증기가 찬 표면과 만나 일부가 액체로 변했기 때문이야. 즉, 응결된 결과이지.

만년설 萬年雪 › 일만 만, 해 년, 눈 설

● 오랜 세월[萬年] 동안 녹지 않고 쌓여 있는 눈[雪]

> 백두산 꼭대기에는 만년설이 쌓여 있지.

3화 아이돌 스타는 눈부셔

빛의 직진 / 빛의 반사 / 빛의 굴절

빛의 직진 直進

 곧을 **직**, 나아갈 **진** ● 빛이 곧바로[直] 나아감[進].

빛

> 빛은 항상 앞으로 **직진**하는 성질이 있어.

빛의 반사 反射

되돌릴 **반**, 쏠 **사** ● 빛이 어떤 물체의 표면에 부딪혀 되돌아[反] 쏘는[射] 현상

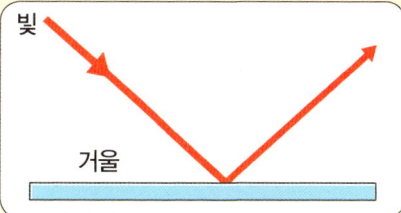

빛

거울

> 매끄러운 핸드폰이나 숟가락에 얼굴이 비치는 것도 **빛의 반사** 때문이야.

빛의 굴절 屈折

굽힐 **굴**, 꺾을 **절**

❶ 속뜻 휘어져 굽히거나[屈] 꺾임[折].

❷ 빛의 진행 방향이 바뀌는 현상

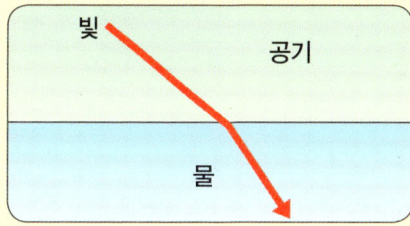

빛

공기

물

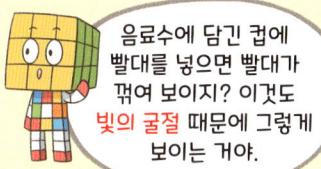

> 음료수에 담긴 컵에 빨대를 넣으면 빨대가 꺾여 보이지? 이것도 **빛의 굴절** 때문에 그렇게 보이는 거야.

어휘 퀴즈

● 아래 문장을 읽고 괄호 안의 단어 중 맞는 말을 고르세요.

수영장에 갔을 때 잔잔한 물 위에 내 모습이 비치는 것은 빛의 (직진, 반사, 굴절) 때문이다.

그들의 먹이 사슬?

먹이 사슬

● 생태계에서 먹이를 중심으로 이루어진
생물 간의 관계가 사슬처럼 이어져 있는 것

생물끼리 먹고 먹히는
관계가 고리처럼 이어진 게
먹이 사슬이지.

먹이 그물

● 생태계에서 여러 동식물의
먹이 사슬이 가로세로로
복잡하게 얽혀서, 그물처럼
이루어진 먹이 관계

먹이 사슬이
여러 개 얽힌 게 바로
먹이 그물이야.

멸종 減種 없앨 **멸**, 씨 종

● 생물의 한 종류가 아주
없어지거나 또는 생물의
한 종류를 아주 없애 버리는 것

벌이
멸종된다면 꽃도,
과일도 모두 사라져
버릴 수 있대.

어휘 퀴즈

❶ 생태계에서 개구리가 파리를 잡아먹고, 뱀이 개구리를 잡아먹고,
새가 뱀을 잡아먹는 것처럼 서로 먹고 먹히는 관계가 사슬처럼 이어진 것을
(먹이 고리 / 먹이 사슬)이라고 한다.

❷ 생물의 한 종류가 아주 없어지는 것을 이르는 낱말는?
① 멸망   ② 폭망   ③ 멸종   ④ 멸치

5화

배티는 위험해

재생 에너지/태양 에너지/태양 전지판/에너지 전환/감전 사고

항상 힘이 넘치는 배티….

공부를 할 때도….

운동을 할 때도….

그리고 아르바이트도 열심히….

어휘 알기

재생 에너지 再生 <small>다시 재, 날 생</small>

- 계속 써도 무한에 가깝도록 다시 공급되는 에너지

자연에서 얻을 수 있는 태양열, 수력, 풍력 등이 **재생 에너지**야.

▲ 바람으로 풍차를 회전하여 전기를 일으키는 **풍력 발전기**

태양 에너지

- 태양에서 방출하는 에너지

태양 전지판

▲ 지붕에 설치된 **태양 전지판**

- 태양에서 오는 빛 에너지로 전기 에너지를 만드는 장치

에너지 전환 轉換 <small>옮길 전, 바꿀 환</small>

- 에너지의 형태가 바뀌는 것. 즉, 생물체의 물질대사와 함께 이루어지는 에너지의 변화 및 소모에 관련된 생화학적 반응

감전 사고 感電事故 <small>느낄 감, 전기 전, 일 사, 연고 고</small>

- 전기가 통하여 있는 도체에 몸의 일부가 닿아 충격을 받는 것. 화상을 입거나 기절하기도 하며 목숨을 잃기도 한다.

물이 묻은 손으로 콘센트를 만지면 **감전 사고**를 당할 수 있어. 여러분들 꼭 조심해야 해!

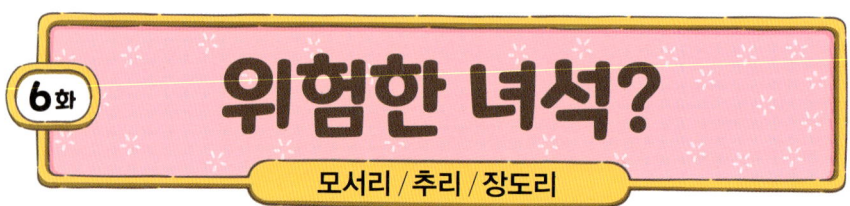

어휘 알기

모서리

❶ 물체의 모가 진 가장자리
❷ 다면체에서 각
   면의 경계를 이루고
   있는 선분들

> 탁자 모서리에
> 부딪치지 않게
> 조심해!

추리 推理 밀 추, 이치 리

❶ 속뜻 이유나 이치[理]를 근거로 미루어[推] 헤아림.
❷ 어떠한 판단을 근거로 삼아 다른 판단을 이끌어 냄.

장도리

● 못을 박거나 빼는 데 쓰는 연장.
   머리의 한쪽은 뭉뚝하여 못을
   박는 데 쓰고, 다른 한쪽은 둘로 갈라져 있어 못을 뽑는 데 쓴다.

어휘 퀴즈

❶ 어떠한 판단을 근거로 다른 판단을 이끌어 내는 것을 (추억 / 추리)라고 한다.

❷ 못을 박거나 뺄 때 쓰는 연장의 이름은?
   ① 장도리   ② 장돌뱅이   ③ 장구   ④ 장난감

❸ 다음 문장의 빈칸에 들어갈 글자는 무엇일까요?
   책상 모 □□ 에 부딪쳐서 다리에 멍이 들었어.

7화

빙드리나의 비밀

무게 / 양팔저울 / 신소재

어휘 알기

무게

❶ 물건의 무거운 정도
❷ 가치나 중대성의 정도

양팔저울

● 양팔을 벌린 것처럼,
  가로 막대의 중심을 받치고 양쪽에 똑같은 접시가 달린 저울

신소재 新素材   새 **신**, 바탕 **소**, 재료 **재**

● 지금까지는 없던 새로[新] 개발한 소재[素材]를 통틀어 이르는 말

어휘 톡톡

무게가 아주 가벼운 신소재 섬유를 개발하셨다고요?

네, 이제 세상에서 가장 가벼운 옷을 만들 수 있습니다.

얼마나 가볍죠?

깃털보다 더 가볍죠.

그럼 양팔저울로 신소재 섬유와 깃털의 무게를 재 보죠.

그럼… 섬유 한 조각에 깃털 만개 올려 주세요!!

8화 슬라임은 변신 가능!

재료 / 거품 / 변화

마시멜과 슬라임은 둘 다 말랑말랑하고 부드럽다는 공통점이 있다.

하아~ 얘들은 어쩜 저렇게 말랑말랑할까? 부러워.

근데 마시멜 누나는 재료가 뭐야?

달걀과 설탕, 젤라틴~.

호오~!

그걸 섞어서 거품을 낸 거야.

혹시 맛있는 피자 먹으러 갈래?

좋아!

그다음엔 놀이공원 어때?

그것도 좋아!

어? 웬일로 마시멜이 나한테 친절하지?

슬라임에게 변화 능력이 있다고?

어떻게?

엥? 마시멜이 두 명?

팟!

마시멜이 아니라 슬라임?

쫀도기 형이 피자도 사 주고 놀이공원도 데려가 준대.

정말?

내가 언제?!

거짓말쟁이!

???

166

어휘 알기

재료 材料 › 재목 **재**, 거리 **료**

- 어떤 물건을 만들 때 그것의 구성 요소가 되는 물질

지우개처럼 한 가지 종류의 재료로 만든 물체도 있고, 연필처럼 나무, 흑연 등 두 가지 이상의 재료로 만든 물체도 있어.

거품

- 액체가 기체를 머금어서 속이 비어 둥글게 부푼 방울

변화 變化 › 바뀔 **변**, 달라질 **화**

- 사물의 모양, 성질 등이 바뀌거나[變] 달라짐[化].

어휘 톡톡

빨리 초콜릿 빵 만들어 보자~!

좋아! 밀가루, 달걀, 버터, 설탕, 소금… 재료 준비 완료!

난 먼저 버터 100g을 녹일게.

오! 달걀 흰자를 휘저었더니 거품이 생겼어!

이 재료들이 모두 섞여서 달콤하고 부드러운 빵으로 변화한다니 정말 신기하다!

얘들아, 아무리 찾아봐도 초콜릿이 없어….

167

핵심 어휘 풀이

- **가계부** — 한 집안 살림의 수입과 지출 상태를 적어 놓은 장부
- **가상** — 실물처럼 보이는 거짓 형상
- **간이 크다** — 겁이 없고 매우 대담하다.
- **간추리다** — 흐트러진 것을 가지런히 정돈하다.
- **강정** — 찹쌀가루를 반죽해 기름에 튀긴 뒤 고물을 묻힌 과자
- **견문** — 보고 들어서 얻은 지식
- **경험** — 실제로 해 보거나 겪어 봄. 또는 거기서 얻은 지식
- **골무** — 바느질할 때 바늘을 눌러 밀기 위하여, 바늘 쥔 손가락 끝에 끼는 도구
- **공감** — 남들과 함께 감정 · 의견 · 주장 따위에 대하여 똑같이 느낌. 또는 그런 감정
- **관세** — 세관을 통과하는 화물에 매기는 세금
- **관점** — 사물이나 현상을 관찰할 때, 그 사람이 보고 생각하는 태도나 방향
- **궤짝** — 물건을 넣도록 나무로 네모나게 만든 통
- **금이 가다** — 서로의 사이가 벌어지거나 틀어지다.
- **기대 수명** — 어떠 사회에 인간이 태어났을 때 앞으로 생존할 것으로 기대되는 평균 생존 연수
- **끈기** — ❶ 물건의 끈끈한 기운 ❷ 참을성이 있어 꾸준히 견디는 기질
- **나그네** — 자기 고장을 떠나 떠돌거나 다른 곳에 잠시 머무는 사람
- **눈에 띄다** — 두드러지게 드러나다.
- **단서** — 어떤 문제를 해결하는 일의 첫 부분
- **독서 감상문** — 글을 읽고 나서, 책을 읽게 된 까닭 · 내용 · 인상 깊은 부분, 마음에 느끼어 일어나는 생각을 적은 글
- **만년설** — 오랜 세월 동안 녹지 않고 쌓여 있는 눈
- **맥박** — 심장이 오그렸다 펴졌다 하면서 피가 흘러 혈관 벽을 주기적으로 두드리는 것
- **머리를 맞대다** — 어떤 일을 의논하거나 결정하기 위해 마주 대하다.
- **먹이 그물** — 생태계에서 여러 동식물의 먹이 사슬이 가로세로로 복잡하게 얽혀서, 그물처럼 이루어진 먹이 관계
- **먹이 사슬** — 생태계에서 먹이를 중심으로 이루어진 생물 간의 관계가 사슬처럼 이어져 있는 것
- **메모** — 말을 전하거나 잊지 않기 위하여 짧게 적어 둠. 또는 그 글
- **멸종** — 생물의 한 종류가 아주 없어지거나 또는 생물의 한 종류를 아주 없애 버리는 것
- **모시** — 모시풀 껍질의 섬유로 짠 옷감
- **무역** — 나라 사이에 물건이나 서비스를 사고파는 것

- **무형 문화유산** ----- 구체적인 형태가 없는 문화적 소산
- **문양** ----- 옷감이나 조각품 따위를 장식하기 위한 여러 가지 모양
- **문화유산** ----- 다음 세대에 물려줄 민족 및 인류 사회의 모든 문화
- **물 쓰듯** ----- 물건을 헤프게 쓰거나, 돈 따위를 흥청망청 낭비하다.
- **미각** ----- 무엇을 혀 따위로 맛보아 일어나는 감각
- **발굴** ----- 땅속에 묻혀 있는 유적 따위를 발견하여 파냄.
- **발생** ----- 어떤 일이나 사물이 나타나고 생겨남.
- **발이 넓다** ----- 사귀어 아는 사람이 많아 활동하는 범위가 넓다는 뜻
- **변화** ----- 사물의 모양, 성질 등이 바뀌거나 달라짐
- **복원** ----- 본래대로 회복함.
- **부적** ----- 보잡귀를 쫓고 재앙을 물리치기 위해 쓰이던 쪽지나 문서
- **비단** ----- 누에고치에서 뽑아낸 명주실로 두껍고 광택이 나게 짠 옷감을 통틀어 이르는 말
- **비용** ----- 무엇을 사거나 어떤 일을 하는 데 쓰는 돈
- **사랑채** ----- 바깥주인이 거처하며 손님을 대접하는 곳
- **삼베** ----- '마'라는 식물의 껍질에서 뽑아낸 실로 짠 천
- **소득** ----- ❶ 어떤 일의 결과로 얻는 것 ❷ 경제 활동을 하고 그 대가로 받는 수입
- **소비** ----- 돈이나 물건, 시간, 노력 따위를 써서 사라지게 함.
- **소저** ----- 아가씨를 부르는 옛말
- **손꼽아 기다리다** ----- 기대에 차 있거나 안타까운 마음으로 날짜를 꼽으며 기다리다.
- **손발을 맞추다** ----- 함께 일을 하는 데 마음이나 의견, 행동 방식을 서로 맞게 하다
- **쇠뿔도 단김에 빼다** ----- 어떤 일이든지 마음먹었으면 한창 열이 올랐을 때 망설이지 말고 곧 행동으로 옮겨야 함을 비유하는 말
- **수심** ----- 근심하는 마음
- **수증기** ----- 기체 상태로 되어 있는 물. 또는 물이 증발하여 생긴 기체
- **수출** ----- 국내의 상품이나 기술 따위를 외국으로 팔아 내보냄.
- **실감 나다** ----- 실제로 체험하는 듯한 느낌이 들다.
- **애간장이 타다** ----- 몹시 초조하고 안타까워서 속이 많이 타다.
- **약과** ----- 밀가루를 기름과 꿀에 반죽하여 기름에 지진 과자
- **양팔저울** ----- 양팔을 벌린 듯, 가로 막대의 중심을 받치고 양쪽에 똑같은 접시가 달린 저울
- **여쭙다** ----- '묻다'의 높임말
- **엿** ----- 쌀, 찹쌀 같은 곡식과 고구마 녹말에 엿기름을 넣어 달게 졸인 과자
- **옷차림** ----- 옷을 갖추어 입음.
- **유형 문화유산** ----- 건축물, 책처럼 형체가 있는 문화재

- **응결** --------- 증기의 일부가 액체로 변하는 현상
- **인구 밀도** ----- 일정 면적 안에 사는 사람 수의 밀집 정도
- **장도리** ------- 못을 박거나 빼는 데 쓰는 연장
- **장승** -------- 마을 어귀나 길가에 세우던 목상이나 석상
- **조청** -------- 엿 따위를 만드는 과정에서 묽게 고아서 굳지 않은 엿
- **주제** -------- 연설이나 토론 따위의 주요 제재나 제목
- **줄거리** ------- 이야기의 중심이 되는 내용
- **증발** -------- 어떤 물질이 액체 상태에서 기체 상태로 변함. 또는 그러한 현상
- **진지** -------- '밥'의 높임말
- **짐작** -------- 사정이나 형편 따위를 어림잡아 잘 헤아림.
- **차별** -------- 차등이 있게 구별함.
- **찰나** -------- 어떤 일이나 사물 현상이 일어나는 바로 그때
- **천하를 얻은 듯** - 매우 기쁘고 만족스러움을 이르는 말
- **촉각** -------- 무엇이 피부 등에 닿아서 일어나는 감각
- **추론** -------- 이미 아는 정보를 근거로 삼아 다른 판단을 이끌어 냄.
- **타협** -------- 어떤 일을 서로 양보하여 협의함.
- **태양 전지판** ---- 태양에서 오는 빛 에너지로 전기 에너지를 만드는 장치
- **편견** -------- 한쪽으로 치우친 견해
- **하루에도 열두 번** - 매우 빈번하게
- **효과적** -------- 어떤 목적을 지닌 행위에 의하여 보람이나 좋은 결과가 드러나는 것
- **후각** -------- 냄새를 맡아 일어나는 감각

[어휘 퀴즈 정답]

31쪽 ❶ 끼니로 먹는 음식인 '밥'의 높임말은?
　　　④ 진지
　　❷ 아래 문장 중 옳은 표현을 고르세요.
　　　③ 할아버지께 여쭈어 보자.

147쪽 수영장에 갔을 때 잔잔한 물 위에 내 모습이
　　　비치는 것은 빛의 반사 때문이다.

151쪽 ❶ 생태계에서 개구리가 파리를 잡아먹
　　　고, 뱀이 개구리를 잡아먹고, 새가 뱀
　　　을 잡아먹는 것처럼 서로 먹고 먹히는

관계가 사슬처럼 이어진 것을
먹이 사슬이라고 한다.
　　❷ 생물의 한 종류가 아주 없어지는 것을
　　　이르는 낱말은?
　　　③ 멸종

159쪽 ❶ 어떠한 판단을 근거로 다른 판단을 이끌어
　　　내는 것을 추리라고 한다.
　　❷ 못을 박거나 뺄 때 쓰는 연장의 이름은?
　　　① 장도리

170

1판 1쇄 인쇄 | 2025년 11월 20일 **1판 1쇄 발행** | 2025년 11월 28일

글 유경원	**디자인** 이명헌
그림 일렉츄럴 Electural	**제작 담당** 이수행, 정승헌
속뜻풀이 전광진	**홍보마케팅** 황혜선 김태정
콘텐츠 구성 김은미	**출판마케팅** 홍성현, 신재철
발행인 심정섭	**인쇄처** 에스엠그린
본부장 문영	**발행처** 서울문화사
콘텐츠3팀 팀장 이은정	**등록일** 1988년 2월 16일
편집 담당 이영	**등록번호** 제2-484

전화 02-799-9147(편집) 02-791-0708(판매)
주소 04376 서울특별시 용산구 새창로 221-19
ISBN 979-11-7371-759-8, 979-11-7371-758-1(세트)

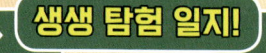